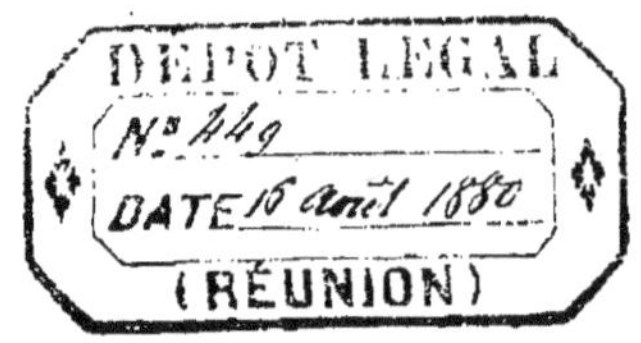

APERÇU

D'UN

PROJET DE LIQUIDATION

DE

LA DETTE COMMUNALE

DE L'OCTROI

PAR **M. BERTHAULT**

Ancien Chef de bureau à la Direction de l'intérieur

Ancien Agent de change

Conseiller général du canton de Saint-Leu

APERÇU

D'UN

PROJET

Ayant pour but la liquidation de la dette communale de l'octroi

Les municipalités de la Colonie ont été condamnées à rembourser toutes les sommes perçues pour leur compte à titre de droits d'octroi, et sous l'empire de la législation de 1850, et sous l'empire de celle de 1866, déclarées toutes les deux inconstitutionnelles.

Les restitutions à opérer, s'appliquant aux recouvrements effectués pendant une longue série d'exercices (1851 à 1867 inclusivement), vont se chiffrer par des millions, et nos municipalités, qui n'ont point généralement de fonds de réserve, se trouveront dans l'impuissance d'y faire face au moyen de leurs ressources actuelles. La Colonie, d'autre part, n'est guère en situation de leur accorder à cette occasion des subsides assez larges pour les mettre à même de s'exécuter à de courtes échéances.

Elles n'ont pas, dès lors, par elles-mêmes, d'autre moyen de salut que celui de l'emprunt.

Mais il ne suffit pas de vouloir emprunter, il faut le pouvoir. Or, il est à craindre que toutes les municipalités recourant à la fois à l'emprunt, pour des sommes si importantes, n'éprouvent un échec, même en offrant un taux d'intérêt supérieur à celui auquel elles ont traité jusqu'à ce jour. Et puis, l'emprunt suppose une entente préalable avec tous les créanciers de l'Octroi, disséminés sur tous les points de la Colonie, et au-dehors. Cette entente peut-elle s'établir sans que les diverses réclamations individuelles se soient produites ? — On voit qu'une foule de difficultés devront d'abord être aplanies, et qu'elles entraîneront une perte de temps qu'il n'est pas possible d'apprécier dès aujourd'hui.

Pendant les délais qui s'écouleront d'ici-là, les porteurs de quittances de droits d'octroi, soit pour réclamer paiement, soit pour interrompre la prescription des intérêts annuels de leurs créances, introduiront nécessairement des instances, dont les frais seront répétés plus tard contre leurs débitrices, et s'ajouteront à la dette déjà écrasante qui pèse sur celles-ci.

En tous cas, jusqu'à ce que les difficultés que nous avons signalées soient résolues, quels projets peuvent concevoir les municipalités ? Quels travaux publics peuvent-elles entreprendre ? L'incertitude, dans laquelle elles sont, les met hors d'état de prendre aucun engagement pour l'avenir.

Nous estimons donc que toute combinaison qui aurait pour effet de faire naître, à bref délai, un accord entre les municipalités et leurs créanciers du chef de l'octroi, ne pourrait être que bien accueillie par l'Administration et par les parties en cause.

Dans cette pensée, nous venons présenter le projet suivant, qui a déjà obtenu les encouragements de plusieurs notabilités et d'un certain nombre de commerçants de la ville.

Nous nous sommes dit : les créanciers ne pouvant se mettre d'accord entre eux qu'à la condition d'être réunis en masse et de recevoir des ouvertures venant des municipalités, ces dernières, qui, de leur côté, ont tout intérêt à connaître le montant de leur dette, et à prendre des arrangements pour la liquider de façon qu'il n'y ait point de perturbations apportées dans leurs budgets, n'ont qu'à déclarer hautement dès ici , pour dissiper toute équivoque, qu'elles ont pris la résolution d'entrer dans cette voie. Immédiatement les menaces de poursuites et de procès cessent, les esprits sont rassurés ; plus de frais nouveaux de procédure à redouter pour les communes..

Aussitôt, elles font choix d'un représentant unique, agréé par l'Administration et possédant la confiance des créanciers, représentant qui donne avis, en leur nom, qu'elles se disposent à exécuter les jugements et arrêts rendus contre elles, et qu'elles invitent en conséquence les ayants-droit à produire les titres de créances à leurs chargé de pouvoirs.

Il est certain que dès la publication de cet avis, tous les créanciers arriveront.

On examinera leurs titres contradictoirement avec eux. Une fois les titres vérifiés et déposés entre les mains de l'agent des communes, celui-ci délivrera simplement aux individus qui les lui auront remis, un certificat constatant cette vérification, et les renverra, pour le réglement, à une époque qui sera ultérieurement déterminée, suivant les délais que nécessitera le travail préliminaire dont il vient d'être parlé.

Quant la vérification des titres sera complètement terminée, les municipalités, instruites désormais du montant de leur dette, aviseront, de concert avec l'Administration et le Conseil général, à affecter annuellement des crédits, si faibles qu'ils soient, à l'amortissement du capital de la dette, et au paiement des intérêts, qu'on s'efforcera de stipuler au taux le plus réduit possible, par exemple, de 4 à 5 0/0.

Nous croyons pouvoir affirmer qu'il suffit aux communes d'agir dans cette mesure ; tout le reste sera fait sans qu'elles aient à s'engager autrement, et sans que l'Administration supérieure ait à intervenir, non plus, pour les autoriser à contracter des emprunts.

Nous sommes autorisé, en effet, par une Société financière, à faire espérer qu'aussitôt après la vérification des titres dans les conditions énoncées plus haut, il se formera entre tous les créanciers de l'octroi, une Société civile qui émettra, sous sa propre responsabilité, des obligations correspondantes au montant des droits de chaque créancier, élira un gérant et un conseil d'administration, et se contentera de recevoir, chaque année, des communes, les dividendes qu'elles auront prévus à leurs budgets, pour être répartis au prorata des créances.

Notre but, à nous, en nous occupant de cette question, qui a fait l'objet de nos méditations depuis plusieurs mois, et a donné lieu de notre part à de nombreuses démarches, est de nous faire agréer, sous les auspices de l'Etablissement de crédit auquel nous avons fait allusion, comme gérant de la future Société civile. Si les communes, en attendant la constitution de cette Société, jugent à propos de nous confier le soin d'appeler leurs créanciers et d'examiner les titres dont ils sont porteurs, ce qui serait fait, au besoin, sous l'œil et avec la collaboration d'un agent de l'Administration, nous offrons de prêter gratuitement notre concours pour cette opération. Ayant été longtemps en rapport, à la Direction de l'intérieur, avec les représentants des diverses municipalités de la Colonie, et ayant également l'avantage d'être connu de presque tous les gens d'affaires du Pays, auprès desquels il nous a été donné d'avoir accès, durant trois ans, comme agent de change, nous avons tout espoir que nous serons agréés des uns et des autres, et que nos efforts seront couronnés de succès.

Nous rappelons que c'est grâce à une combinaison analogue, à laquelle nous avons eu l'honneur de participer dans le temps, que M. de Fayard, créancier des communes pour l'affaire des tabacs, a obtenu un prompt règlement. C'est de ce précédent que nous nous sommes inspiré. Les communes, aussi bien que lui, ont retiré de grands avantages de l'arrangement qui a été conclu entre eux. Pourquoi cet exemple ne serait-il pas suivi aujourd'hui, dans une circonstance absolument semblable, ou du moins qui ne diffère que par l'importance des remboursements à opérer, nouvel obstacle qui disparaît, d'ailleurs, par le moyen que nous offrons ?

Nous serions heureux que les nombreux intéressés dans la question de l'Octroi voulussent bien, après la lecture de ce court aperçu, destiné simplement à pressentir leurs dispositions, nous tenir au courant, des impressions, favorables ou défavorables, qu'ils en auront éprouvées, ainsi que des observations, ou objections, qui seraient venues à leur esprit. Nous ne demandons pas mieux que d'être éclairé nous-même, si par mégarde, nous nous sommes écarté des règles du bon sens, de la pratique, ou de la vérité.

Saint-Denis, le 10 août 1880.

J. BERTHAULT,

Conseiller général.

Imprimerie TH. DROUHET fils, Saint-Denis.

842520LV00006B/2380